黑龙江省
Hēilóngjiāng Shěng
哈尔滨
Hā'ěrbīn
长春
Chángchūn
吉林省
Jílín Shěng
内蒙古自治区
Nèi-Měnggǔ Zìzhìqū
沈阳
Shěnyáng
呼和浩特
Hūhéhàotè
辽宁省
Liáoníng Shěng
北京市
Běijīng Shì
河北省
Héběi Shěng
天津市
Tiānjīn Shì
太原
Tàiyuán
石家庄
Shíjiāzhuāng
济南
Jǐnán
山西省
Shānxī Shěng
山东省
Shāndōng Shěng
西安
Xī'ān
郑州
Zhèngzhōu
江苏省
Jiāngsū Shěng
陕西省
hǎnxī Shěng
河南省
Hénán Shěng
安徽省
Ānhuī Shěng
南京
Nánjīng
合肥
Héféi
上海市
Shànghǎi Shì
湖北省
Húběi Shěng
武汉
Wǔhàn
杭州
Hángzhōu
重庆市
hóngqìng Shì
长沙
Chángshā
浙江省
Zhèjiāng Shěng
南昌
Nánchāng
湖南省
Húnán Shěng
福建省
Fújiàn Shěng
江西省
Jiāngxī Shěng
台北
Táiběi
福州
Fúzhōu
广西壮族自治区
Guǎngxī Zhuàngzú Zìzhìqū
台湾
Táiwān
广东省
Guǎngdōng Shěng
南宁
Nánníng
广州
Guǎngzhōu
香港
Xiānggǎng
澳门
Àomén
海口
Hǎikǒu
海南省
Hǎinán Shěng

JN009103

キャンパスで始める中国語

山口直人
竹島毅
趙葵欣
田村新 著

白帝社

本書の音声について

本書で ♪ マークがついた部分の中国語は、白帝社ホームページ内の本書のページから、音声データ（MP3）をダウンロードしたり、ストリーミングで聞いてください。

吹込：凌慶成・容文育

https://www.hakuteisha.co.jp/news/n45879.html

※各機器と再生ソフトに関する技術的なご質問は、各メーカーにお願いいたします。

※ダウンロードがご不便な場合は、実費にて CD に音声を入れてお送りします。下記までご連絡ください。

㈱白帝社　電話 03-3986-3271　E-mail:info@hakuteisha.co.jp

※本書及び本書の音声は著作権法で保護されています。

まえがき

本テキストは学習者が身近な学生生活に関わる表現を中国語で伝えることができるようになることを目的として作られました。

日本の大学で中国語を学ぶ阿部新くんと中国人留学生の王麗さん、李娜さんとのやり取りを通して、基本的な会話表現を学ぶことができます。

本テキストは週1回の授業を想定して編集しました。授業が2週間で1課のペースで進むのであれば、30回の授業で1年で終えることができます。授業が1週間に1課のペースで進めば、15回の授業で半期で終えることができます。通年のテキストとしても半期セメスターのテキストとしても使えます。

最初の「発音編」で中国語の発音を学び、続く12の課で中国語の基本的な構文を学びます。本テキストには模範の発音が付いていますので、繰り返し聞き、後に付けて何度も繰り返し発音してください。

本テキストは以下の構成になっています：

「本文」（二人のスキット会話）
「新出単語」（書き取り練習付き）
「ポイント」（文法の重点）
「トレーニング」（練習問題）

テキスト**「本文」**はどれも使える表現なので、暗記するくらい繰り返し練習して覚えてしまいましょう。本文の次には**「新出単語」**が載せてあり、現在中国語で使われている「簡体字」と発音記号である「ピンイン」をテキストに直接書き込むようになっています。予習のときに実際に自分で書いてみることで、日本語の漢字と中国語の簡体字の違いや、ピンインの正確な綴り方が理解できることと思います。**「ポイント」**では文法事項を学びます。必要最小限の説明しかしていませんので、授業中の先生の説明をよく聞いて理解してください。最後の**「トレーニング」**では各課で学んだことを確認します。練習問題は答えをテキストに書き込むだけではなく、必ず先に答えを口に出して発音してみてください。答えがスラスラと口から出て来てはじめて、その課の内容が理解できていることになります。先に答えを口に出すことなく、初めからテキストを見て答えをさがし、それを文字で書いただけでは中国語の力はつきません。

手間をかけることが、最終的には進歩につながりますので、焦らずにじっくり取り組んでください。

２０２３年　春
著者一同

品詞略称

名詞：名　代名詞：代　動詞：動　副詞：副　助詞：助　疑問詞：疑　形容詞：形
量詞：量　助動詞：助動　前置詞：前　接続詞：接　数詞：数　感嘆詞：感

目　次

キャンパスで始める中国語

発音編

1. 声調と母音

1-1　声調（四声《しせい》）

♪2

1声	2声	3声	4《よん》声	／軽声
mā	má	mǎ	mà	ma

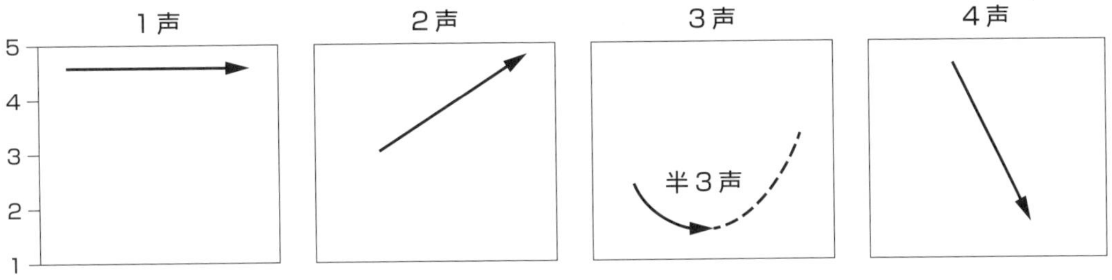

☆3声は語末、文末以外は「半3声（後半の上昇がないタイプ）」で発音されます

練 習

♪3

妈妈	骂	马	吗?
Māma	mà	mǎ	ma?

1-2　単母音

♪4

日本語：	あ	い	う	え	お			
				あいまい母音		ウムラウト		そり舌母音
中国語：	a	i	u	e	o	ü	/	er
		(yi)	(wu)			(yu)		

☆カッコ内は母音単独で表記する時の書きかた

☆中国語の単母音の「e」は「エ」という音ではありません

1-3　複母音

♪5

ai	ei	ao	ou	
ia (ya)	ie (ye)	ua (wa)	uo (wo)	üe (yue)
uai (wai)	uei (wei)	iao (yao)	iou (you)	

☆複母音の「e」は「エ」という音です

練 習

♪6

爱 ài	欸 ēi	奥 ào	藕 ǒu	
牙 yá	页 yè	瓦 wǎ	我 wǒ	月 yuè
外 wài	味 wèi	要 yào	有 yǒu	

☆声調符号は「主母音」につけます。「主母音」とは相対的に口の開きが大きい母音です

a ＞ o/e ＞ i/u/ü

☆「o」と「e」は一緒に並ぶことがありません。「i」と「u」は前に子音が来るときに一緒に並ぶことがありますが、その時は後ろに来た方に声調符号をつけます

2. 子音と鼻母音（-n と -ng）

♪7

2-1　子音

					(そり舌音)	
無気音：	bo	de	ge	ji	zhi	zi
有気音：	po	te	ke	qi	chi	ci
	mo	ne	he	xi	shi	si
	fo	le			ri	

♪8（上の表を縦に読んでいます。有気音・無気音の音の違いに注意しましょう）

・3つの「i」

①口を横に引く「イ」---------------------------------- ji qi xi bi ti など多数

②そり舌の影響を受けたそり舌の「イ」---- zhi chi shi ri の4つ

③口を横に引く「ウ」---------------------------------- zi ci si の3つ

☆ -iou と -uei は前に子音が来ると、それぞれ真ん中の「o」と「e」を書きませんが、発音ではかすかに残ります

練習　♪9

白菜	德国	哥哥	鸡肉	芝麻	自己
báicài	Déguó	gēge	jīròu	zhīma	zìjǐ
啤酒	特别	客气	奇怪	迟到	词汇
píjiǔ	tèbié	kèqi	qíguài	chídào	cíhuì
妹妹	牛奶	荷花	休息	失败	司机
mèimei	niúnǎi	héhuā	xiūxi	shībài	sījī
服务	留学	日记			
fúwù	liúxué	rìjì			

☆学 xué は x＋üe なのですが、j、q，x の後に ü が来ると「¨」を書きません

2-2 鼻母音　♪10

an	ian (yan)	uan (wan)	üan (yuan)
ang	iang (yang)	uang (wang)	
en	in (yin)	uen (wen)	ün (yun)
eng	ing (ying)	ueng (weng)	
ong	iong (yong)		

☆ -uen は前に子音が来ると、真ん中の「e」を書きませんが、発音ではかすかに残ります

練習

♪11

晚安 wǎn’ān　再见 zàijiàn　喜欢 xǐhuan　医院 yīyuàn

帮助 bāngzhù　思想 sīxiǎng　逛街 guàngjiē

根据 gēnjù　银行 yínháng　问题 wèntí　论文 lùnwén

能力 nénglì　电影 diànyǐng　老翁 lǎowēng

中国 Zhōngguó　熊猫 xióngmāo

☆wǎn と ān の間にある「’」は「隔音符号」といい、前の音節の後に母音で始まる音節が続く場合に使います

3. 軽声

♪12

妈妈 māma　爷爷 yéye　奶奶 nǎinai　爸爸 bàba

哥哥 gēge　姐姐 jiějie　弟弟 dìdi　妹妹 mèimei

☆軽声は前の声調によってその「高さ」が相対的に変わります

4. 声調変化

4-1　3声の声調変化

♪13

・3声＋3声　→　2声＋3声

水果 shuǐguǒ　手表 shǒubiǎo　了解 liǎojiě　勇敢 yǒnggǎn

・3声＋1、2、4、軽声　→　半3声＋1、2、4、軽声

买单 mǎidān　薯条 shǔtiáo　可乐 kělè　懂了 dǒng le

4-2 “不”の声調変化 ♪14

・“不”＋4声 → “bú”＋4声

不谢	不对	不客气
bú xiè	bú duì	bú kèqi

・“不”＋1、2、3、軽声 → “bù”＋1、2、3、軽声

不吃	不来	不懂	不了
bù chī	bù lái	bù dǒng	bù le

4-3 “一”の声調変化 ♪15

・“一”＋4声 → “yí”＋4声

一切	一样	一万
yíqiè	yíyàng	yíwàn

・“一”＋1、2、3声 → “yì”＋1、2、3声

一般	一直	一起
yìbān	yìzhí	yìqǐ

5. r化（儿化） ♪16

花儿	老头儿	小鸟儿	个儿
huār	lǎotóur	xiǎoniǎor	gèr

6. 数字 ♪17

零	一	二	三	四	五	六	七	八	九	十
líng	yī	èr	sān	sì	wǔ	liù	qī	bā	jiǔ	shí
		（两 liǎng）								

☆一般に“二”は「二番目の」、“两”は「ふたつ」という意味の時に使います

♪18

十一	十二	十三	……	二十
shíyī	shí’èr	shísān		èrshí

♪19

二十一	二十二	二十三	……	九十九
èrshiyī	èrshi’èr	èrshisān		jiǔshijiǔ

一百	一百零一	一百零二	一百零三	……	一百一十
yìbǎi	yìbǎilíngyī	yìbǎilíng’èr	yìbǎilíngsān		yìbǎiyīshí

一百一十一	一百一十二	一百一十三	……	二百（两百）
yìbǎiyīshiyī	yìbǎiyīshi’èr	yìbǎiyīshisān		èrbǎi (liǎngbǎi)

7. かんたんな会話

あいさつ表現　♪20

你好。 —— 你们好。
Nǐ hǎo. Nǐmen hǎo.

你早。 —— 早上好。
Nǐ zǎo. Zǎoshang hǎo.

晚安。 —— 晚安。
Wǎn’ān. Wǎn’ān.

请进，请坐。 —— 谢谢。
Qǐng jìn, qǐng zuò. Xièxie.

请喝茶。 —— 谢谢。
Qǐng hē chá. Xièxie.

谢谢你。 —— 不客气。
Xièxie nǐ. Bú kèqi.

对不起。 —— 没关系。
Duìbuqǐ. Méi guānxi.

几月几号？ —— 二月八号。
Jǐ yuè jǐ hào? Èr yuè bā hào.

几点？ —— 两点十二分。
Jǐ diǎn? Liǎng diǎn shí’èr fēn.

多少钱？ —— 一百五十块。
Duōshao qián? Yìbǎiwǔshí kuài.

你多大？ —— 我十八岁。
Nǐ duō dà? Wǒ shíbā suì.

教室での会話

♪21

同学们好。 —— 老师好。
Tóngxuémen hǎo. Lǎoshī hǎo.

开始上课，请打开课本，请跟我念。
Kāishǐ shàng kè, qǐng dǎkāi kèběn, qǐng gēn wǒ niàn.

这个字怎么念？ —— 念“huán”。
Zhèige zì zěnme niàn? Niàn “huán”.

什么意思？ —— 不明白。
Shénme yìsi? Bù míngbai.

明白了吗？ —— 明白了。
Míngbai le ma? Míngbai le.

今天学到这儿。 —— 谢谢，老师。
Jīntiān xuédào zhèr. Xièxie, lǎoshī.

再见。 —— 明天见。
Zàijiàn. Míngtiān jiàn.

第 1 課　自己紹介

♪22

阿部：你　好！
Ābù:　Nǐ　hǎo!

王丽：你　好！　你　叫　什么　名字？
Wáng Lì:　Nǐ　hǎo!　Nǐ　jiào　shénme　míngzi?

阿部：我　叫　阿部　新。　你　是　留学生　吗？
Ābù:　Wǒ　jiào　Ābù　Xīn.　Nǐ　shì　liúxuéshēng　ma?

王丽：我　是　留学生。　我　是　中国人。
Wáng Lì:　Wǒ　shì　liúxuéshēng.　Wǒ　shì　Zhōngguórén.

阿部：你　是　北京人　吗？
Ābù:　Nǐ　shì　Běijīngrén　ma?

王丽：我　不　是　北京人，　是　上海人。
Wáng Lì:　Wǒ　bú　shì　Běijīngrén,　shì　Shànghǎirén.

新出単語

♪23

					中国語	ピンイン
1.	你	nǐ	代	あなた		
2.	你好	nǐ hǎo		こんにちは		
3.	叫	jiào	動	(名前を)～と言う		
4.	什么	shénme	疑	何、どんな		
5.	名字	míngzi	名	名前		
6.	我	wǒ	代	私		
7.	是	shì	動	～である		
8.	留学生	liúxuéshēng	名	留学生		
9.	吗	ma	助	～か？		
10.	中国人	Zhōngguórén	名	中国人		
11.	北京人	Běijīngrén	名	北京の人		
12.	不	bù	副	～でない、～しない		
13.	上海人	Shànghǎirén	名	上海の人		

ポイント

1 人称代名詞

♪24

	一人称	二人称		三人称
単数	我 wǒ 私	你 nǐ あなた	您 nín あなた	他 / 她 tā 彼 / 彼女
複数	我们 wǒmen 私たち	你们 nǐmen あなたたち		他们 / 她们 tāmen 彼ら / 彼女たち

▼ “您” は “你” の尊敬語。

2 動詞述語文①：“是” の文

♪25

肯定：1） 我　是　学生。　　※学生（学生）
Wǒ shì xuésheng.

否定：2） 她　不　是　老师。　　※老师（先生）
Tā bú shì lǎoshī.

▼否定の場合は “不” を “是” の前に置く。

3 “吗” 疑問文

♪26

1） 你　是　留学生　吗?
Nǐ shì liúxuéshēng ma?

2） 她们　是　日本人　吗?　　※日本人（日本人）
Tāmen shì Rìběnrén ma?

▼肯定文の文末に “吗” をつけると、疑問文になる。

☆苗字・フルネームの言い方と聞き方

♪27

我　姓 ＿（苗字）＿ 。
Wǒ xìng

我　叫 ＿（フルネーム）＿ 。
Wǒ jiào

苗字だけをいう言い方と、フルネームをいう言い方がある。述語の動詞を使い分けるので注意。

1） 您　贵姓?　——我　姓　王。
Nín guìxìng?　Wǒ xìng Wáng.

2） 你　叫　什么　名字?　——　我　叫　王　丽。
Nǐ jiào shénme míngzi?　Wǒ jiào Wáng Lì.

トレーニング

1 自分の氏名を簡体字とピンインで書きましょう。

簡 体 字 ：我叫＿＿＿＿＿＿＿＿＿＿。

ピンイン：＿＿＿＿＿＿＿＿＿＿＿＿.

2 次のピンイン文を簡体字に改め、さらに日本語に訳しましょう。

（1） Nín guìxìng?

簡体字

日本語訳

（2） Nǐmen shì Rìběnrén ma?

簡体字

日本語訳

（3） Tā shì lǎoshī, bú shì xuésheng.

簡体字

日本語訳

（4） Nǐ jiào shénme míngzi?

簡体字

日本語訳

（5） Wǒ bú shì Zhōngguórén, shì Rìběnrén.

簡体字

日本語訳

3 中国語に訳しましょう。

（1） あなたは中国人ですか？

（2） 彼女たちは留学生ではありません。

（3） こんにちは。お名前は何といいますか？

（4） 私は上海人ではなく、北京人です。

第2課 教室で

（授業が始まる前、教科書が見つからない…）

♪28

阿部：这 不 是 英语 课本，这 也 不 是……
Zhè bú shì Yīngyǔ kèběn, zhè yě bú shì……

王丽：那 是 英语 课本 吗？
Nà shì Yīngyǔ kèběn ma?

阿部：不 是。那 是 汉语 课本。
Bú shì. Nà shì Hànyǔ kèběn.

王丽：这 是 你 的 课本 吗？
Zhè shì nǐ de kèběn ma?

阿部：不 是，这 是 田中 的。
Bú shì, zhè shì Tiánzhōng de.

王丽：那些 呢？
Nèixiē ne?

阿部：那些 都 是 词典，不 是 课本。
Nèixiē dōu shì cídiǎn, bú shì kèběn.

新出単語

♪29

				中国語	ピンイン
1.	这	zhè	代 これ		
2.	英语	Yīngyǔ	名 英語		
3.	课本	kèběn	名 教科書		
4.	也	yě	副 ～も		
5.	那	nà	代 それ、あれ		
6.	汉语	Hànyǔ	名 中国語		
7.	的	de	助 ～の		
8.	那些	nàxiē / nèixiē	代 それら、あれら		
9.	呢	ne	助 ～は？		
10.	都	dōu	副 みな、全て、どちらも		
11.	词典	cídiǎn	名 辞書		

ポイント

1 指示代名詞①：モノ　♪30

	近称	遠称	疑問
単数	这 zhè　これ	那 nà　それ、あれ	哪 nǎ　どれ
	这个 zhège / zhèige	那个 nàge / nèige	哪个 nǎge / něige
複数	这些 zhèxiē / zhèixiē	那些 nàxiē / nèixiē	哪些 nǎxiē / něixiē

肯定：1）这　是　我　的　手机。　※手机（携帯電話）
Zhè shì wǒ de shǒujī.

否定：2）那　不　是　汉语　词典。
Nà bú shì Hànyǔ cídiǎn.

疑問：3）这些　是　你　的　课本　吗?
Zhèixiē shì nǐ de kèběn ma?

4）我　吃　这个。
Wǒ chī zhèige.

▼“这、那”は目的語には使えない。　× 我吃这。　※吃（食べる）

2 省略疑問文：名詞・代名詞＋呢？（～は？）　♪31

1）学生　都　是　日本人，老师　呢?
Xuésheng dōu shì Rìběnrén, lǎoshī ne?

2）我　姓　张，你　呢?
Wǒ xìng Zhāng, nǐ ne?

3 “的”の用法①：名詞 / 人称代名詞＋“的”＋名詞　♪32

他　的　词典　　老师　的　课本
tā de cídiǎn　　lǎoshī de kèběn

文脈上はっきり分かる時、“的”の後ろの名詞は省略することができる。

1）这　是　你　的　手机　吗? ——不　是，是　朋友　的。　※朋友（友だち）
Zhè shì nǐ de shǒujī ma? Bú shì, shì péngyou de.

親族関係や所属を表す時は“的”を省略してもよい。

我妈妈 wǒ māma　　你们大学 nǐmen dàxué　　※妈妈（お母さん）　※大学（大学）

また国や言語・地名などが修飾語になる場合は“的”は使わないことがある。

中国留学生 Zhōngguó liúxuéshēng　　汉语词典 Hànyǔ cídiǎn　　※中国（中国）

4 副詞“也、都”：主語＋副詞（也、都）＋述語　♪33

1）这　也　是　词典。
Zhè yě shì cídiǎn.

2）我们　都　是　留学生。
Wǒmen dōu shì liúxuéshēng.

3）她　也　不　是　中国人。
Tā yě bú shì Zhōngguórén.

トレーニング

1　以下のフレーズを簡体字とピンインで書きましょう。

（1）　私達の大学　　（2）　彼女のお母さん　　（3）　友だちのテキスト

（4）　私の携帯　　（5）　中国人留学生　　（6）　中国語の辞書

2　次のピンイン文を簡体字に改め、さらに日本語に訳しましょう。

（1）　Nà shì nǐ de shǒujī ma?

簡体字

日本語訳

（2）　Zhèixiē dōu shì tā de, nèixiē ne?

簡体字

日本語訳

（3）　Wǒ péngyou yě bú shì lǎoshī.

簡体字

日本語訳

（4）　Wǒ chī zhèige, nǐ ne?

簡体字

日本語訳

（5）　Nǐmen dōu shì xuésheng ma?

簡体字

日本語訳

3　中国語に訳しましょう。

（1）　あれはあなたの教科書ですか？

（2）　これらは全て辞書です、あれらは？

（3）　これも中国語の教科書ではありません。

（4）　あれは先生の英語の辞書です、これも先生の辞書です。

第3課　キャンパスで

♪34

王丽：你　去　哪儿？
　　　Nǐ　qù　nǎr?

阿部：我　去　教室，８　１　１　０　教室。
　　　Wǒ　qù　jiàoshì,　bā　yāo　yāo　líng　jiàoshì.

王丽：你　现在　有　什么　课？
　　　Nǐ　xiànzài　yǒu　shénme　kè?

阿部：汉语　课。你　呢？
　　　Hànyǔ　kè.　Nǐ　ne?

王丽：我　现在　没有　课。去　图书馆。
　　　Wǒ　xiànzài　méiyǒu　kè.　Qù　túshūguǎn.

阿部：做　什么？借　书　吗？
　　　Zuò　shénme?　Jiè　shū　ma?

王丽：不，看　杂志。
　　　Bù,　kàn　zázhì.

阿部：下　次　我们　一起　去　吧。
　　　Xià　cì　wǒmen　yìqǐ　qù　ba.

☆部屋番号・電話番号の読み方

電話番号や部屋番号、郵便番号などは数字を「粒読み」にする。またその場合“一 yī”は“七 qī”と聞き間違いやすいので、“yāo”と読む。

新出単語

♪35

					中国語	ピンイン
1.	去	qù	動	行く		
2.	哪儿	nǎr	疑	どこ		
3.	教室	jiàoshì	名	教室		
4.	现在	xiànzài	名	今		
5.	有	yǒu	動	持っている、ある、いる（所有）		
6.	课	kè	名	授業		
7.	没有	méiyǒu	動	持っていない、ない		
8.	图书馆	túshūguǎn	名	図書館		
9.	做	zuò	動	する		
10.	借	jiè	動	借りる		
11.	书	shū	名	本		
12.	看	kàn	動	読む、見る		
13.	杂志	zázhì	名	雑誌		
14.	下次	xià cì		今度、次回		
15.	一起	yìqǐ	副	一緒に		
16.	吧	ba	助	～しましょう		

ポイント

1 動詞述語文②：一般動詞 主語＋動詞＋目的語

♪36

肯定：1）我　学习　汉语。
Wǒ xuéxí Hànyǔ.

※学习（勉強する、学ぶ）

否定：2）他们　不　借　书。
Tāmen bú jiè shū.

疑問：3）你　去　教室　吗？
Nǐ qù jiàoshì ma?

2 所有を表す“有”

♪37

否定は“不”ではなく、“没”を使う。

肯定：1）我　现在　有　汉语　课。
Wǒ xiànzài yǒu Hànyǔ kè.

否定：2）弟弟　没有　英语　书。
Dìdi méiyǒu Yīngyǔ shū.

疑問：3）你　有　电脑　吗？
Nǐ yǒu diànnǎo ma?

※弟弟（弟）　※电脑（パソコン）

3 疑問詞疑問文

♪38

尋ねたいところに疑問詞を置く。文末には“吗”を付けない。

1）你　去　**哪儿**？ ―― 我　去　体育馆。
Nǐ qù nǎr? ―― Wǒ qù tǐyùguǎn.

※体育馆（体育館）

2）她　是　**谁**？ ―― 她　是　我们　的　老师。
Tā shì shéi? ―― Tā shì wǒmen de lǎoshī.

※谁（誰）

3）你　看　**什么**？ ―― 我　看　英语　杂志。
Nǐ kàn shénme? ―― Wǒ kàn Yīngyǔ zázhì.

4）你　借　**什么**　书？ ―― 我　借　汉语　书。
Nǐ jiè shénme shū? ―― Wǒ jiè Hànyǔ shū.

4 時間を表す名詞

♪39

早上 zǎoshang	上午 shàngwǔ	中午 zhōngwǔ	下午 xiàwǔ	晚上 wǎnshang
现在 xiànzài	昨天 zuótiān	今天 jīntiān	明天 míngtiān	

1）我　今天　下午　有　课。
Wǒ jīntiān xiàwǔ yǒu kè.

2）明天　我　不　来　大学。
Míngtiān wǒ bù lái dàxué.

※来（来る）

▼時間名詞は主語の前に置いてもいい。

トレーニング

1　以下の語・フレーズを簡体字とピンインで書きましょう。

（1）　勉強する　　（2）　パソコン　　（3）　雑誌を読む

（4）　授業がある　　（5）　本を借りる　　（6）　一緒に行く

2　次のピンイン文を簡体字に改め、さらに日本語に訳しましょう。

（1）　Wǒ bú kàn zázhì, wǒ jiè shū.

簡体字

日本語訳

（2）　Nǐmen jīntiān yǒu shénme kè?

簡体字

日本語訳

（3）　Nǐ yǒu Yīngyǔ zázhì ma?

簡体字

日本語訳

（4）　Dìdi méiyǒu shǒujī, yě méiyǒu diànnǎo.

簡体字

日本語訳

（5）　Zhè shì shéi de shū?

簡体字

日本語訳

3　中国語に訳しましょう。

（1）　私は今中国語の授業があります、あなたは？

（2）　私たちは一緒に教室に行きましょう。

（3）　あなたは何をしますか？

（4）　今度どこに行きますか？

第4課　友だちと

（阿部君の中国人の友だち李娜さんが大学に遊びに来た）

♪40

李娜：这儿　很　漂亮。
Lǐ Nà: Zhèr　hěn　piàoliang.

阿部：对。我们　的　校园　比较　大。
Duì.　Wǒmen　de　xiàoyuán　bǐjiào　dà.

李娜：这儿　的　学生　多　不　多？
Zhèr　de　xuésheng　duō　bu　duō?

阿部：学生　很　多。留学生　也　不　少。
Xuésheng　hěn　duō.　Liúxuéshēng　yě　bù　shǎo.

李娜：大学　的　食堂　怎么样？
Dàxué　de　shítáng　zěnmeyàng?

阿部：味道　不错，也　很　便宜。
Wèidao　búcuò,　yě　hěn　piányi.

李娜：教室　远　不　远？
Jiàoshì　yuǎn　bu　yuǎn?

阿部：不　远，很　方便。
Bù　yuǎn,　hěn　fāngbiàn.

新出単語

♪41

				中国語	ピンイン
1.	这儿	zhèr	代 ここ		
2.	很	hěn	副 とても		
3.	漂亮	piàoliang	形 きれい		
4.	对	duì	形 ただしい		
5.	校园	xiàoyuán	名 キャンパス		
6.	比较	bǐjiào	副 わりと		
7.	大	dà	形 大きい		
8.	多	duō	形 多い		
9.	少	shǎo	形 少ない		
10.	大学	dàxué	名 大学		
11.	食堂	shítáng	名 食堂		
12.	怎么样	zěnmeyàng	疑 どうですか		
13.	味道	wèidao	名 味		
14.	不错	búcuò	形 なかなか良い		
15.	便宜	piányi	形 安い		
16.	远	yuǎn	形 遠い		
17.	方便	fāngbiàn	形 便利だ		

ポイント

1 形容詞述語文

♪42

肯定文：主語＋“很”など＋形容詞　　否定文：主語＋“不”＋形容詞

肯定　1）我　姐姐　很　漂亮。　　※姐姐（姉）
Wǒ jiějie hěn piàoliang.

否定　2）食堂　不　大。
Shítáng bú dà.

疑問　3）留学生　多　吗？
Liúxuéshēng duō ma?

2 反復疑問文

♪43

動詞や形容詞の肯定と否定を並べると疑問文になる。このとき“吗”は不要。

1）你　是　不　是　日本人？
Nǐ shì bu shì Rìběnrén?

2）明天　你　来　不　来　大学？
Míngtiān nǐ lái bu lái dàxué?

3）今天　有　没有　课？
Jīntiān yǒu méiyǒu kè?

4）昨天　冷　不　冷？　※冷（寒い）
Zuótiān lěng bu lěng?

3 指示代名詞②：トコロ

♪44

近称	遠称	疑問
ここ	そこ、あそこ	どこ
这儿／这里 zhèr zhèli	那儿／那里 nàr nàli	哪儿／哪里 nǎr nǎli

▼“哪里”の実際の発音は変調して náli と発音される。

1）这儿　是　银行。　　※银行（銀行）
Zhèr shì yínháng.

2）那里　很　热。　　※热（暑い）
Nàli hěn rè.

トレーニング

1　空欄に入ることばを語群から選び文を完成させましょう。ただし、単語は一度しか使えません。

［　这儿　　哪儿　　没　　不　　很　　是　］

（1）　留学生（　　　　　）多。

（2）　他是（　　　　　）是日本人？

（3）　（　　　　　）比较冷。

2　次のピンイン文を簡体字に改め、さらに日本語に訳しましょう。

（1）　Míngtiān yǒu méiyǒu kè?

簡体字

日本語訳

（2）　Wǒ māma hěn piàoliang.

簡体字

日本語訳

（3）　Nàr shì jiàoshì.

簡体字

日本語訳

3　中国語に訳しましょう。

（1）　私たちの大学は大きいです。

（2）　留学生は多いですか？（反復疑問文で）

（3）　ここは寒いです。

第 5 課　ファストフード店で

♪45

阿部：我　要　汉堡包。
Wǒ　yào　hànbǎobāo.

王丽：你　要　几　个　汉堡包？
Nǐ　yào　jǐ　ge　hànbǎobāo?

阿部：两　个。　你　呢？
Liǎng　ge.　Nǐ　ne?

王丽：我　喜欢　吃　薯条，　要　一　袋。
Wǒ　xǐhuan　chī　shǔtiáo,　yào　yí　dài.

阿部：你　喝　咖啡　还是　喝　可乐？
Nǐ　hē　kāfēi　háishi　hē　kělè?

王丽：咖啡。　多少　钱？
Kāfēi.　Duōshao　qián?

阿部：一共　九百　二十　日元。
Yígòng　jiǔbǎi　èrshí　rìyuán.

王丽：日本　的　快餐　不　贵，　也　很　好吃。
Rìběn　de　kuàicān　bú　guì,　yě　hěn　hǎochī.

☆ 2 桁以上の数字の言い方　♪46

100 までは漢数字を中国語読みする。

十一 shíyī，十二 shí'èr…　二十 èrshí，…　九十九 jiǔshijiǔ

▼ "十" は前後を数字で挟まれると、軽声で発音される。

100 は "一百 yìbǎi"、1000 は "一千 yìqiān" という。

新出単語

♪47

				中国語	ピンイン
1.	要	yào	動 ほしい		
2.	汉堡包	hànbǎobāo	名 ハンバーガー		
3.	几	jǐ	疑 いくつ		
4.	个	ge	量 個		
5.	两	liǎng	数 2つ		
6.	喜欢	xǐhuan	動 好む		
7.	吃	chī	動 食べる		
8.	薯条	shǔtiáo	名 フライドポテト		
9.	袋	dài	量 袋状のものを数える		
10.	喝	hē	動 飲む		
11.	咖啡	kāfēi	名 コーヒー		
12.	还是	háishi	接 それとも		
13.	可乐	kělè	名 コーラ		
14.	多少	duōshao	疑 いくつ		
15.	钱	qián	名 お金		
16.	一共	yígòng	副 全部で		
17.	日元	rìyuán	名 日本円		
18.	快餐	kuàicān	名 ファストフード		
19.	贵	guì	形（値段が）高い		
20.	好吃	hǎochī	形 美味しい		

ポイント

1 量詞：指示代名詞＋数詞＋量詞＋名詞 という語順で使う。 ♪48

个 ge －人やものなど，ひろくものを数える。
杯 bēi －コップに入ったものを数える。
件 jiàn －服などを数える。
袋 dài －袋状のものを数える。
张 zhāng －紙や机などを数える。

1） 我　买　两　张　票。
Wǒ　mǎi　liǎng　zhāng　piào.
※买（買う）　※票（チケット）
☞“两”は発音篇 6 の☆を参照のこと。

2） 我　要　一　杯　茶。
Wǒ　yào　yì　bēi　chá.
※茶（お茶）

3） 这　件　衣服　很　便宜。
Zhèi　jiàn　yīfu　hěn　piányi.
※衣服（服）

▼数詞が“一”の時には“一”は省略できる。

2 “几”と“多少” ♪49

答えが 10 前後だと思われるときは“几”。“多少”には数の制限がない。“几”を使うときは必ず量詞とセットで。

1） 你　吃　几　个　汉堡包?
Nǐ　chī　jǐ　ge　hànbǎobāo?

2） 你们　学校　有　多少　留学生?
Nǐmen　xuéxiào　yǒu　duōshao　liúxuéshēng?
※学校（学校）

3 選択疑問文：“A 还是 B ？”（A それとも B ？） ♪50

A が動詞＋目的語なら、B も動詞＋目的語とし，A と B で形をそろえる。

1） 你　吃　汉堡包　还是　吃　薯条?
Nǐ　chī　hànbǎobāo　háishi　chī　shǔtiáo?

2） 这个　贵　还是　便宜?
Zhèige　guì　háishi　piányi?

3） 你　去　还是　我　去?
Nǐ　qù　háishi　wǒ　qù?

☆値段を聞くときの表現 ♪51

1） 多少　钱？
Duōshao　qián?

2） 可乐　多少　钱　一　杯?　——　一百　日元。
Kělè　duōshao　qián　yì　bēi?　　Yìbǎi　rìyuán.

トレーニング

1 空欄に入ることばを語群から選び文を完成させましょう。

［ 多少　还是　几　杯　个　是 ］

（1） 你们学校有（　　　　）留学生？

（2） 我要一（　　　　）可乐。

（3） 我去（　　　　）你来？

2 次のピンイン文を簡体字に改め、さらに日本語に訳しましょう。

（1） Wǒ xǐhuan zhèi jiàn yīfu.

簡体字

日本語訳

（2） Nǐ yǒu jǐ ge diànnǎo?

簡体字

日本語訳

（3） Tā shì Rìběnrén háishi Zhōngguórén?

簡体字

日本語訳

3 中国語に訳しましょう。

（1） 全部で 800 円です。

（2） あなたはフライドポテトを何袋食べますか？

（3） 日本のハンバーガーは安いですかそれとも高いですか？

第 6 課　待ち合わせ

（王さんは阿部君に電話をかけている）

♪52

王丽：喂， 你 在 哪儿？
Wéi, nǐ zài nǎr?

阿部：我 在 星巴克。 你 呢？
Wǒ zài Xīngbākè. Nǐ ne?

王丽：我 也 到 了。（阿部君を見かけ）啊， 阿部！
Wǒ yě dào le. À, Ābù!

（王さんは阿部君の向かいに座り、二人でおしゃべりを始める）

阿部：王 丽！ 昨天 星期天， 你 去 哪儿 了？
Wáng Lì! Zuótiān xīngqītiān, nǐ qù nǎr le?

王丽：我 逛 街 了。
Wǒ guàng jiē le.

阿部：买 东西 了 吗？
Mǎi dōngxi le ma?

王丽：没 买。 看了 一 个 电影，《过 年》。
Méi mǎi. Kànle yí ge diànyǐng, «Guò nián».

阿部：哦， 我 知道。 那个 电影 很 有 意思。
Ò, wǒ zhīdao. Nèige diànyǐng hěn yǒu yìsi.

新出単語

♪53

					中国語	ピンイン
1.	喂	wèi / wéi	感	もしもし		
2.	在	zài	動	いる，ある		
3.	星巴克	Xīngbākè	名	スターバックス		
4.	到	dào	動	着く		
5.	了	le	助	完了を表す「～た」		
6.	啊	à	感	感嘆を表す「ああ」		
7.	昨天	zuótiān	名	昨日		
8.	星期～	xīngqī	名	～曜日		
9.	逛街	guàng//jiē	動	街を歩く		
10.	买	mǎi	動	買う		
11.	东西	dōngxi	名	もの		
12.	没（有）	méi (you)	副	～していない		
13.	电影	diànyǐng	名	映画		
14.	过年	guò//nián	動	年越しする		
15.	哦	ò	感	感嘆を表す「おお」		
16.	知道	zhīdao	動	知っている		
17.	有意思	yǒu yìsi		面白い		

ポイント

1 完了を表す“了”　♪54

動詞＋“了”＋修飾語＋目的語　もしくは　動詞＋目的語＋“了”。

否定は“没（有）”を使い“了”は消える。

1）他　写了　两　本　书。※写(書く)　※本(〜冊)
Tā　xiěle　liǎng　běn　shū.

2）昨天　我　来　大学　了。
Zuótiān　wǒ　lái　dàxué　le.

3）我　没（有）看　杂志。
Wǒ　méi (you)　kàn　zázhì.

4）你　看了　那个　电影　吗?
Nǐ　kànle　nèige　diànyǐng　ma?

2 所在を表す“在”：　♪55

ヒト、モノ＋“在”＋場所（＿＿は＿＿にいる、ある）

否定は“不”で。

1）星巴克　在　那儿。
Xīngbākè　zài　nàr.

2）他　不　在　图书馆。
Tā　bú　zài　túshūguǎn.

3）洗手间　在　哪儿?　※洗手间（トイレ）
Xǐshǒujiān　zài　nǎr?

3 名詞述語文　♪56

曜日・年月日・時刻・年齢・金額などに関するものは“是”なしで述語になることができる。

否定は“不是”で、“是”は省略できない。

1）今天　星期三，不　是　星期二。
Jīntiān　xīngqīsān,　bú　shì　xīngqī'èr.

2）今天　几　月　几　号?
Jīntiān　jǐ　yuè　jǐ　hào?
※月（〜月）　※号（〜日）

▼範囲が限定される場合は10を超える数でも“几”を使うことができる。

3）现在　几　点?　※点（〜時）
Xiànzài　jǐ　diǎn?

4）我　二十　岁。　※岁（〜歳）
Wǒ　èrshí　suì.

5）这个　一千　日元。
Zhèige　yìqiān　rìyuán.

☆時刻の言い方　♪57

〜時：〜点 diǎn　〜分：〜分 fēn　15分：一刻 yí kè　30分：半 bàn

45分：三刻 sān kè

1）现在　两　点　三　刻。
Xiànzài　liǎng　diǎn　sān　kè.

2）我　八　点　半　去　学校。
Wǒ　bā　diǎn　bàn　qù　xuéxiào.

トレーニング

1　空欄に入ることばを語群から選び文を完成させましょう。

［ 的　　多少　　了　　儿　　有　　在 ］

（1）　我吃（　　　　　）两个汉堡包。

（2）　王丽（　　　　　）图书馆。

（3）　现在（　　　　　）点?

2　次のピンイン文を簡体字に改め、さらに日本語に訳しましょう。

（1）　Wǒ kànle liǎng běn shū.

簡体字

日本語訳

（2）　Ābù zài tǐyùguǎn ma?

簡体字

日本語訳

（3）　Jīntiān bú shì xīngqīsān, shì xīngqīsì.

簡体字

日本語訳

3　中国語に訳しましょう。

（1）　阿部さんはどこに行きましたか？

（2）　私たちの大学はあそこにあります。

（3）　今2時半です。

第7課　旅行

♪58

王丽：你　去过　京都　吗？
Nǐ　qùguo　Jīngdū　ma?

阿部：没　去过。很　想　去。
Méi　qùguo.　Hěn　xiǎng　qù.

王丽：我　打算　假期　去　京都　旅游。
Wǒ　dǎsuàn　jiàqī　qù　Jīngdū　lǚyóu.

阿部：真　羡慕　你！你　打算　怎么　去？
Zhēn　xiànmù　nǐ!　Nǐ　dǎsuàn　zěnme　qù?

王丽：坐　新干线　去，又　快　又　方便。
Zuò　xīngànxiàn　qù,　yòu　kuài　yòu　fāngbiàn.

阿部：假期　我　也　想　去　旅游。
Jiàqī　wǒ　yě　xiǎng　qù　lǚyóu.

王丽：你　想　去　哪儿　玩儿？
Nǐ　xiǎng　qù　nǎr　wánr?

阿部：我　喜欢　历史，想　去　北京　和　西安。
Wǒ　xǐhuan　lìshǐ,　xiǎng　qù　Běijīng　hé　Xī'ān.

新出単語

♪59

					中国語	ピンイン
1.	－过	guo	助	～したことがある		
2.	京都	Jīngdū	名	京都		
3.	想	xiǎng	助動	～したい		
4.	打算	dǎsuàn	動	～するつもり		
5.	假期	jiàqī	名	休暇、休みの間		
6.	旅游	lǚyóu	動	旅行する		
7.	真	zhēn	副	本当に		
8.	羡慕	xiànmù	動	うらやましく思う		
9.	怎么	zěnme	疑	どのように		
10.	坐	zuò	動	（乗り物に）乗る、座る		
11.	新干线	xīngànxiàn	名	新幹線		
12.	又…又…	yòu…yòu…		…でもあり…でもある		
13.	快	kuài	形	速い		
14.	玩儿	wánr	動	遊ぶ		
15.	历史	lìshǐ	名	歴史		
16.	北京	Běijīng	名	北京		
17.	…和～	hé	接	…と～		
18.	西安	Xī'ān	名	西安		

ポイント

1 経験を表す“过”

♪60

動詞＋“过”　否定は　“没（有）”動詞＋“过”

1）我　去过　外国。　　※外国（外国）
Wǒ　qùguo　wàiguó.

2）我　没（有）　看过　中国　小说。　　※小说（小説）
Wǒ　méi (you)　kànguo　Zhōngguó　xiǎoshuō.

3）你　吃过　小笼包　吗？ —— 我　吃过　一　次　（小笼包）。
Nǐ　chīguo　xiǎolóngbāo　ma?　　Wǒ　chīguo　yí　cì　(xiǎolóngbāo).

※小笼包（ショーロンポー）

※次（～回）

▼回数を表す言葉は「動詞＋“过”」の後に置く。

2 助動詞①：“想”

♪61

“想”＋動詞（＋目的語）　否定は助動詞の前に置く。

1）我　想　借　书。
Wǒ　xiǎng　jiè　shū.

2）我　不　想　喝　可乐。
Wǒ　bù　xiǎng　hē　kělè.

3）你　也　想　去　香港　吗？　　※香港（香港）
Nǐ　yě　xiǎng　qù　Xiānggǎng　ma?

4）你　想　不　想　买　英语　词典？
Nǐ　xiǎng　bu　xiǎng　mǎi　Yīngyǔ　cídiǎn?

3 連動文：動詞$_1$（＋目的語）＋ 動詞$_2$（＋目的語）

♪62

＝動作の行われる順番に動詞$_1$と動詞$_2$を並べる。

1）我　明天　去　买　电影票。
Wǒ　míngtiān　qù　mǎi　diànyǐngpiào.

2）他们　来　日本　旅游。　　※日本（日本）
Tāmen　lái　Rìběn　lǚyóu.

3）你　开　车　去　吗？　　※开车（車を運転する）
Nǐ　kāi　chē　qù　ma?

トレーニング

1 空欄に入ることばを選んで文を完成し、さらに日本語に訳しましょう。

[不　没　了　过]

(1) 我去过北京，(　　) 去过西安。 ....

(2) 我没有看 (　　) 中国小说。 ....

(3) 明天我 (　　) 想去学校。 ....

2 次のピンイン文を簡体字に改め、さらに日本語に訳しましょう。

(1) Wǒ yě dǎsuàn qù lǚyóu.

簡体字 ....

日本語訳 ....

(2) Tā méi chīguo xiǎolóngbāo.

簡体字 ....

日本語訳 ....

(3) Wǒ xiǎng jiè Yīngyǔ cídiǎn.

簡体字 ....

日本語訳 ....

3 中国語に訳しましょう。

(1) 私は車を運転して京都に行きます。

....

(2) 彼は映画を見るのが好きです。

....

(3) 私も香港には行きたくない。

....

第 8 課　アルバイト

（授業が終わった後、王さんが阿部君に声をかけている）

♪63

王丽：刚才　你　怎么　睡　觉　了？
Gāngcái　nǐ　zěnme　shuì　jiào　le?

阿部：我　很　困，昨天　晚上　打　工　了。
Wǒ　hěn　kùn,　zuótiān　wǎnshang　dǎ　gōng　le.

王丽：你　工作了　多　长　时间？
Nǐ　gōngzuòle　duō　cháng　shíjiān?

阿部：从　七　点　开始，工作了　四　个　小时。
Cóng　qī　diǎn　kāishǐ,　gōngzuòle　sì　ge　xiǎoshí.

王丽：你　在　哪儿　打　工？
Nǐ　zài　nǎr　dǎ　gōng?

阿部：我　在　便利店　打　工。非常　辛苦。
Wǒ　zài　biànlìdiàn　dǎ　gōng.　Fēicháng　xīnkǔ.

王丽：便利店　离　家　近　吗？
Biànlìdiàn　lí　jiā　jìn　ma?

阿部：离　家　很　远，要　一　个　半　小时。
Lí　jiā　hěn　yuǎn,　yào　yí　ge　bàn　xiǎoshí.

新出単語

♪64

				中国語	ピンイン
1.	刚才	gāngcái	[名] 今しがた、たった今		
2.	怎么	zěnme	[疑] なぜ、どうして		
3.	睡觉	shuì//jiào	[動] 眠る		
4.	困	kùn	[形] 眠い		
5.	晚上	wǎnshang	[名] 夜、晩		
6.	打工	dǎ//gōng	[動] アルバイトをする		
7.	工作	gōngzuò	[動] 仕事をする		
8.	多长	duō cháng	どれだけ長い（“多” [疑] どれだけの）		
9.	时间	shíjiān	[名] 時間		
10.	从～	cóng	[前] ～から（起点をあらわす）		
11.	～点	diǎn	[名] ～時		
12.	开始	kāishǐ	[動] 始まる、始める		
13.	小时	xiǎoshí	[名] ～時間		
14.	在～	zài	[前] ～で（場所を表す）		
15.	便利店	biànlìdiàn	[名] コンビニ		
16.	非常	fēicháng	[副] 非常に		
17.	辛苦	xīnkǔ	[形] きつい、大変だ		
18.	离～	lí	[前] ～から（主に距離の遠近に使う）		
19.	家	jiā	[名] 家		
20.	近	jìn	[形] 近い ⇔远 yuǎn 遠い		
21.	要	yào	[動] 必要である、かかる		
22.	半	bàn	[数] 半時間、30 分		

ポイント

1 前置詞①："在 zài"、"从 cóng"、"离 lí"　♪65

(1) 主語＋"在～"＋述語：～で（場所を表すのに使う）
(2) 主語＋"从～"＋述語：～から（起点を表すのに使う）
(3) 主語＋"离～"＋述語：～から（主に距離の遠近に使う）

1）他　在　便利店　工作。
Tā　zài　biànlìdiàn　gōngzuò.

2）你　在　哪儿　买　东西?
Nǐ　zài　nǎr　mǎi　dōngxi?

3）图书馆　从　这儿　去　很　方便。
Túshūguǎn　cóng　zhèr　qù　hěn　fāngbiàn.

4）你　家　离　学校　远　吗?
Nǐ　jiā　lí　xuéxiào　yuǎn　ma?

2 時点の表現：時間の流れの中の「点」　時点＋動詞（＋目的語）　♪66

1）我　每天　八　点　起　床。
Wǒ　měitiān　bā　diǎn　qǐ　chuáng.

2）他　星期六　没有　课。
Tā　xīngqīliù　méiyǒu　kè.

3）你　打算　八　月　去　北京　吗?
Nǐ　dǎsuàn　bā　yuè　qù　Běijīng　ma?

4）你　什么　时候　去　旅游?
Nǐ　shénme　shíhou　qù　lǚyóu?

※每天（毎日）　※起床（起床する）　※什么时候（いつ）

3 時間量の表現：時間の流れの中の「幅」　動詞＋時間量（＋目的語）　♪67

1）我们　休息　十　分钟。
Wǒmen　xiūxi　shí　fēnzhōng.
※休息（休憩する）

2）我　在　京都　玩儿了　三　天。
Wǒ　zài　Jīngdū　wánrle　sān　tiān.

3）我　姐姐　学习过　两　年　韩语。
Wǒ　jiějie　xuéxíguo　liǎng　nián　Hányǔ.
※韩语（韓国語）

4）我　星期一　工作　三　个　小时，星期六　工作　一　个　半　小时。
Wǒ　xīngqīyī　gōngzuò　sān　ge　xiǎoshí,　xīngqīliù　gōngzuò　yí　ge　bàn　xiǎoshí.

☆時点と時間量　♪68

時点：	一分（1分）	两点（2時）	三号（3日）	四月（4月）	五年（5年）
	yì fēn	liǎng diǎn	sān hào	sì yuè	wǔ nián
時間量：	一分钟（1分間）	两个小时（2時間）	三天（3日間）	四个月（4ヵ月間）	五年（5年間）
	yì fēnzhōng	liǎng ge xiǎoshí	sān tiān	sì ge yuè	wǔ nián

トレーニング

1 空欄に入ることばを選んで文を完成し、さらに日本語に訳しましょう。

［ 离　在　从 ］

(1) 我（　　）便利店买东西。 ......

(2) 我家（　　）学校很远。 ......

(3) 每天（　　）九点开始学习。 ......

2 次のピンイン文を簡体字に改め、さらに日本語に訳しましょう。

(1) Ābù jīntiān zěnme bù lái?

簡体字 ......

日本語訳 ......

(2) Měitiān gōngzuò bā ge xiǎoshí.

簡体字 ......

日本語訳 ......

(3) Tā cóng Běijīng lái Rìběn le.

簡体字 ......

日本語訳 ......

3 中国語に訳しましょう。

(1) 私はコンビニでアルバイトをしたい。

......

(2) 君は土曜日に授業がありますか？

......

(3) 彼女は1年間韓国語を勉強したことがあります。

......

第 9 課

風邪

♪69

王丽：我 身体 不 舒服，头 很 疼。
Wǒ shēntǐ bù shūfu, tóu hěn téng.

阿部：感冒 了 吧？吃 药 了 吗？
Gǎnmào le ba? Chī yào le ma?

王丽：还 没 吃。学校 有 没有 医院？
Hái méi chī. Xuéxiào yǒu méiyǒu yīyuàn?

阿部：没有。你 家 附近 呢？
Méiyǒu. Nǐ jiā fùjìn ne?

王丽：我 家 附近 有 个 大 医院。
Wǒ jiā fùjìn yǒu ge dà yīyuàn.

阿部：去 医院 吧。现在 几 点 了？
Qù yīyuàn ba. Xiànzài jǐ diǎn le?

王丽：三 点 半 了。医院 五 点 关 门。
Sān diǎn bàn le. Yīyuàn wǔ diǎn guān mén.

阿部：那 快 走 吧。我 陪 你 去。
Nà kuài zǒu ba. Wǒ péi nǐ qù.

新出単語

♪70

					中国語	ピンイン
1.	身体	shēntǐ	名	体、身体		
2.	舒服	shūfu	形	気分が良い		
3.	头	tóu	名	頭		
4.	疼	téng	形	痛い		
5.	感冒	gănmào	動	風邪をひく		
6.	吧	ba	助	～でしょう		
7.	吃药	chī//yào	動	薬を飲む		
8.	还	hái	副	まだ		
9.	学校	xuéxiào	名	学校		
10.	有	yŏu	動	ある、いる（存在）		
11.	医院	yīyuàn	名	病院		
12.	附近	fùjìn	名	近く、付近		
13.	了	le	助	～ということになった（変化）		
14.	关门	guān//mén	動	戸を閉める、閉店する		
15.	那	nà	接	それでは		
16.	走	zŏu	動	（その場を立ち去るという意味で）行く		
17.	陪	péi	動	付き添う、相手をする		

ポイント

1 主述述語文 ♪71

A はBが〜だ＝「象は鼻が長い」といったタイプの文

1） 中国　人口　很　多。　　※人口（人口）
Zhōngguó rénkǒu hěn duō.

2） 王　老师　工作　不　太　忙。　　※不太〜（あまり〜でない）　※忙（忙しい）
Wáng lǎoshī gōngzuò bú tài máng.

3） 你　身体　好　吗?　　※好（よい）
Nǐ shēntǐ hǎo ma?

2 存在を表す“有”：場所＋“有”＋ヒト・モノ ♪72

1） 那儿　有　便利店。
Nàr yǒu biànlìdiàn.

2） 教室　没有　人。
Jiàoshì méiyǒu rén.

3） 北京　也　有　星巴克　吗?
Běijīng yě yǒu Xīngbākè ma?

☞ 3 課の所有を表す“有”、6 課の所在を表す“在”も参照

3 変化を表す“了” ♪73

文＋“了”＝「文が表す内容」<u>ということになった。</u>

1） 现在　八　点　了。
Xiànzài bā diǎn le.

2） 我　是　大学生　了。　※大学生（大学生）
Wǒ shì dàxuéshēng le.

3） 我　的　手机　没有　了。
Wǒ de shǒujī méiyǒu le.

4） 你　的　感冒　好　了　吗?
Nǐ de gǎnmào hǎo le ma?

☞ 6 課の完了を表す“了”も参照

4 “吧”のまとめ ♪74

1） 我们　一起　回　家　吧。　**「勧誘、提案」** しませんか、〜しましょうよ
Wǒmen yìqǐ huí jiā ba.
※回（帰る、戻る）

☞ 3 課本文参照

2） 他　不　是　中国人　吧？　**「推量」** 〜でしょう
Tā bú shì Zhōngguórén ba?

3） 你　明天　来　吧。　**「軽い命令」** 〜してください
Nǐ míngtiān lái ba.

トレーニング

1 空欄に入ることばを選んで文を完成し、さらに日本語に訳しましょう。

［ 在　　有　　了　　过 ］

(1) 我们学校（　　）医院吗？ ……………………………

(2) 医院（　　）我们学校附近。 ……………………………

(3) 她弟弟也是大学生（　　）。 ……………………………

2 次のピンイン文を簡体字に改め、さらに日本語に訳しましょう。

(1) Běijīng yǒu hěn duō yīyuàn.

簡体字 ……………………………

日本語訳 ……………………………

(2) Biànlìdiàn èrshisì xiǎoshí bù guān mén.

簡体字 ……………………………

日本語訳 ……………………………

(3) Shànghǎi Xīngbākè hěn duō.

簡体字 ……………………………

日本語訳 ……………………………

3 中国語に訳しましょう。

(1) 私の父は仕事がとても忙しい。

……………………………

(2) あなたは風邪を引いたのでしょう。薬を飲みなさい。

……………………………

(3) 私の家の近くにもスターバックスがあります。

……………………………

第10課　スポーツ

♪75

阿部：你　在　干　什么　呢？
　　　Nǐ　zài　gàn　shénme　ne?

王丽：我　在　看　篮球　比赛。
　　　Wǒ　zài　kàn　lánqiú　bǐsài.

阿部：你　会　打　篮球　吗？
　　　Nǐ　huì　dǎ　lánqiú　ma?

王丽：会。　你　会　什么　运动？
　　　Huì.　Nǐ　huì　shénme　yùndòng?

阿部：我　会　打　保龄球，　能　打　两百　分　以上。
　　　Wǒ　huì　dǎ　bǎolíngqiú,　néng　dǎ　liǎngbǎi　fēn　yǐshàng.

王丽：真　厉害！
　　　Zhēn　lìhai!

阿部：这个　周末　我　有　比赛。
　　　Zhèige　zhōumò　wǒ　yǒu　bǐsài.

王丽：那　祝　你　比赛　顺利！
　　　Nà　zhù　nǐ　bǐsài　shùnlì!

新出単語

♪76

				中国語	ピンイン
1.	在	zài	副〈動作の進行〉～している		
2.	干	gàn	動 する、やる		
3.	呢	ne	助〈動作の進行〉～している		
4.	篮球	lánqiú	名 バスケットボール		
5.	比赛	bǐsài	名 試合		
6.	会	huì	助動（会得して）～できる 動 会得している		
7.	打	dǎ	動（球技を）する		
8.	运动	yùndòng	名 スポーツ		
9.	保龄球	bǎolíngqiú	名 ボーリング		
10.	能	néng	助動（能力的に）～できる		
11.	～分	fēn	量（成績の）～点		
12.	～以上	yǐshàng	名 ～以上		
13.	厉害	lìhai	形（程度が）すごい		
14.	周末	zhōumò	名 週末		
15.	祝	zhù	動 願う、祈る		
16.	顺利	shùnlì	形 順調である		

ポイント

1 動作の進行を表す“在”と“呢” ♪77

“在”＋動詞（＋目的語）＋“呢”（～している）

1) 他 在 吃 饭 呢。 2) 他 在 吃 饭。 3) 他 吃 饭 呢。 ※饭（ご飯）
Tā zài chī fàn ne. Tā zài chī fàn. Tā chī fàn ne.

▼“在”、“呢”のいずれか一方を用いるだけでもよい。

4) 他 没（有） 在 吃 饭。 ▼否定は“没（有）”を用いる。
Tā méi (you) zài chī fàn.

2 助動詞②：“会”、“能” ♪78

“会”＋動詞（＋目的語） （〈会得して〉～できる）

1) 我 会 打 篮球。 2) 我 不 会 游 泳。 ※游泳（泳ぐ）
Wǒ huì dǎ lánqiú. Wǒ bú huì yóu yǒng.

3) 你 会 不 会 说 汉语？ ※说（話す、言う）
Nǐ huì bu huì shuō Hànyǔ?

▼“会”は主として技術的なもの（語学やスポーツなど）について使う。

“能”＋動詞（＋目的語） （〈能力的・条件的に〉～できる）

4) 他 能 看 中文 杂志。 ※中文（中国語）
Tā néng kàn Zhōngwén zázhì.

5) 她 周末 不 能 来。
Tā zhōumò bù néng lái.

▼“能”・“会”ともに単独でも使える。

6) 你 明天 能 来 吗？—— 能。 ☞“会”は本文参照
Nǐ míngtiān néng lái ma? Néng.

3 目的語が文のとき： ♪79

（主語）＋動詞＋目的語（＝文） （～が…するのを～する）

1) 祝 你 比赛 顺利！
Zhù nǐ bǐsài shùnlì!

2) 我 想 看 他们 打 乒乓球。 ※乒乓球（卓球）
Wǒ xiǎng kàn tāmen dǎ pīngpāngqiú.

トレーニング

1 次のピンイン文を簡体字に改め、さらに日本語に訳しましょう。

(1) Tāmen zài dǎ bǎolíngqiú ne.

簡体字

日本語訳

(2) Wǒ bù néng qù yóuyǒng.

簡体字

日本語訳

(3) Nǐ zhīdao yīyuàn jǐ diǎn guān mén ma?

簡体字

日本語訳

2 空欄に入る助詞を選んで文を完成し、さらに日本語に訳しましょう。ただし、単語は一度しか使えません。

[吗　吧　呢　了]

(1) 你快吃饭（　）。

(2) 他在睡觉（　）。

(3) 学校附近有便利店（　）?

(4) 我困（　）。

3 中国語に訳しましょう。

(1) 私はあなたの試合を見に行くことができません。

(2) あなたは英語を話すことができますか。

(3) 仕事が順調であることを願っています。

第11課

試験

（阿部さんは試験があまりできなかったようです）

♪80

阿部：上午 你 给 我 打 电话 了 吧？
Shàngwǔ nǐ gěi wǒ dǎ diànhuà le ba?

王丽：对，你 没 接。怎么 了？
Duì, nǐ méi jiē. Zěnme le?

阿部：汉语 考试 我 考得 不 好。
Hànyǔ kǎoshì wǒ kǎode bù hǎo.

王丽：考题 难 吗？
Kǎotí nán ma?

阿部：不 难，但是 生词 我 都 忘 了。
Bù nán, dànshì shēngcí wǒ dōu wàng le.

王丽：复习得 不 够 吧？
Fùxíde bú gòu ba?

阿部：是 啊。下 星期 还 有 考试。
Shì a. Xià xīngqī hái yǒu kǎoshì.

王丽：那 我 跟 你 一起 复习复习 吧。
Nà wǒ gēn nǐ yìqǐ fùxífuxi ba.

新出単語

♪81

					中国語	ピンイン
1.	上午	shàngwǔ	名	午前		
2.	给～	gěi	前	～に		
3.	打	dǎ	動	（電話を）する		
4.	电话	diànhuà	名	電話		
5.	接	jiē	動	（電話に）出る		
6.	怎么了	zěnme le		どうしましたか		
7.	考试	kǎoshì	名	試験		
8.	考	kǎo	動	試験を受ける		
9.	－得	de	助	〈様態を表す補語を導く語〉（☞ポイント1参照）		
10.	考题	kǎotí	名	試験問題		
11.	难	nán	形	難しい		
12.	但是	dànshì	接	〈逆接〉しかし、けれども		
13.	生词	shēngcí	名	新しい単語		
14.	忘	wàng	動	忘れる		
15.	复习	fùxí	動	復習する		
16.	够	gòu	動	足りる		
17.	啊	a	助	〈肯定の語気を表す〉		
18.	下～	xià	名	次の～		
19.	星期	xīngqī	名	週		
20.	还	hái	副	さらに、なお		
21.	跟～	gēn	前	～と（一緒に）		

ポイント

1 様態補語：動詞の後に置かれ、その動作・行為が「どのようであるか」を表す。 ♪82

主語 ＋ 動詞 ＋“得”＋ 様態補語（形容詞など）（～するのが…だ）

1）他　考得　很　好。
Tā　kǎode　hěn　hǎo.

2）她　跑得　很　快。　※跑（走る）
Tā　pǎode　hěn　kuài.

3）他　考得　不　好。
Tā　kǎode　bù　hǎo.

4）她　跑得　不　快。
Tā　pǎode　bú　kuài.

5）他　考得　好　吗？
Tā　kǎode　hǎo　ma?

6）她　跑得　快　不　快？
Tā　pǎode　kuài　bu　kuài?

動詞が目的語を伴う場合、次のように表す。

主語（＋ 動詞）＋ 目的語 ＋ 動詞 ＋“得”＋ 様態補語（形容詞など）

7）他（说）汉语　说得　很　好。
Tā (shuō)　Hànyǔ　shuōde　hěn　hǎo.

2 前置詞②：“跟～”、“给～” ♪83

（1）主語＋“跟～”＋述語：～と
（2）主語＋“给～”＋述語：～に、～のために

1）我　跟　她　去　旅游。
Wǒ　gēn　tā　qù　lǚyóu.

2）我　晚上　给　你　打　电话。
Wǒ　wǎnshang　gěi　nǐ　dǎ　diànhuà.

3 動詞の重ね型 ♪84

1）请　看看。
Qǐng　kànkan.

2）我们　复习复习　吧。
Wǒmen　fùxífuxi　ba.

▼「ちょっと～する」、「～してみる」という意味で用いられ、やわらかい言い方になる。

▼動詞の後に“一下”を付けた表現も、これと同様の意味で用いられる。

3）请　看　一下。
Qǐng　kàn　yíxià.

4）我们　复习　一下　吧。
Wǒmen　fùxí　yíxià　ba.

※请（どうぞ～してください）
※一下（ちょっと）

4 目的語を文頭に置く表現 ♪85

1）汉语　考试　我　考得　不　好。
Hànyǔ　kǎoshì　wǒ　kǎode　bù　hǎo.

2）北京　和　上海　我　都　想　去。
Běijīng　hé　Shànghǎi　wǒ　dōu　xiǎng　qù.

▼目的語を強調するとき、あるいは目的語が長いときは文頭に置く。

トレーニング

1 次のピンイン文を簡体字に改め、さらに日本語に訳しましょう。

（1） Nǐ xiǎng qù nǎr wánrwanr?

簡体字

日本語訳

（2） Xià xīngqī wǒ gěi nǐ dǎ diànhuà.

簡体字

日本語訳

（3） Shàngwǔ de Hànyǔ kǎoshì nǐ kǎode zěnmeyàng?

簡体字

日本語訳

2 空欄に入る前置詞を選んで文を完成し、さらに日本語に訳しましょう。ただし、単語は一度しか使えません。

［ 从　给　跟　离　在 ］

（1） 北京（　　）上海远不远?

（2） 她每天（　　）星巴克喝咖啡。

（3） 你想（　　）谁一起去旅游?

（4） 我（　　）朋友买了一本书。

3 日本語文を参考に、語句を並べかえて文を作りましょう。

（1） あなたは英語を話すのが本当に上手です。

［ 得　好　你　说　真　英语 ］

（2） 私はバスケットボールをするのが下手です。

［ 不　打　打　得　好　我　篮球 ］

（3） コーヒーもコーラも私は好きです。

［ 都　和　我　咖啡　可乐　喜欢 ］

第12課　カラオケ

（阿部君と王さんが一緒に食事をしている）

♪86

阿部：你　吃完　了　吗？　去　唱　卡拉OK，　怎么样？
Nǐ　chīwán　le　ma?　Qù　chàng　kǎlā OK,　zěnmeyàng?

王丽：好。　我　吃完　了，　走　吧。
Hǎo.　Wǒ　chīwán　le,　zǒu　ba.

（カラオケで歌を選んでいる）

阿部：想　唱　的　歌儿　找到　了　吗？
Xiǎng　chàng　de　gēr　zhǎodào　le　ma?

王丽：没　找到。　你　呢？
Méi　zhǎodào.　Nǐ　ne?

阿部：我　想　学　汉语　歌儿。　你　可以　教教　我　吗？
Wǒ　xiǎng　xué　Hànyǔ　gēr.　Nǐ　kěyǐ　jiāojiao　wǒ　ma?

王丽：什么　歌儿？
Shénme　gēr?

阿部：请　教　我　这　首　歌儿　吧。
Qǐng　jiāo　wǒ　zhèi　shǒu　gēr　ba.

王丽：好，　这　是　现在　最　流行　的　歌儿。
Hǎo,　zhè　shì　xiànzài　zuì　liúxíng　de　gēr.

新出単語

♪87

					中国語	ピンイン
1.	－完	wán	動	～し終わる		
2.	唱	chàng	動	歌う		
3.	卡拉 OK	kǎlāOK	名	カラオケ		
4.	怎么样	zěnmeyàng	疑	（相手の同意を求める）～しませんか？		
5.	好	hǎo	形	よろしい		
6.	歌儿	gēr	名	歌		
7.	找	zhǎo	動	探す		
8.	－到	dào	動	～して到達する		
9.	学	xué	動	学ぶ、習う		
10.	可以	kěyǐ	助動	〈許可〉～してもよい		
11.	教	jiāo	動	教える		
12.	请	qǐng	動	どうぞ～してください		
13.	首	shǒu	量	（歌を数える）～曲		
14.	最	zuì	副	最も		
15.	流行	liúxíng	形	流行している		

ポイント

1 結果補語 ♪88

動詞の後に置かれ、その動作・行為が「どのようになる」かを表す。

動詞 + 結果補語（動詞・形容詞）

～ 完 wán（～し終わる）　吃完 chīwán　学完 xuéwán

～ 到 dào（～して到達する）　找到 zhǎodào　买到 mǎidào

～ 懂 dǒng（～して理解する）　看懂 kàndǒng　听懂 tīngdǒng　※懂（理解する）

～ 错 cuò（～して間違える）　看错 kàncuò　买错 mǎicuò　※错（間違っている）

1）我 吃完 了。
Wǒ chīwán le.

2）你 找到 工作 了 吗?
Nǐ zhǎodào gōngzuò le ma?

3）我 没（有） 听懂。
Wǒ méi (you) tīngdǒng.

▼否定は、“没（有）”を使う。　※听（聞く）

2 “的 de”の用法② ♪89

動詞句 + “的” + 名詞

1）想 吃 的 快餐
xiǎng chī de kuàicān

2）昨天 看 的 比赛 很 有 意思。
Zuótiān kàn de bǐsài hěn yǒu yìsi.

形容詞句 + “的” + 名詞

3）最 流行 的 名字
zuì liúxíng de míngzi

4）我 买了 一 件 很 漂亮 的 衣服。
Wǒ mǎile yí jiàn hěn piàoliang de yīfu.

▼“的”の後の名詞は省略することができる。

学 汉语 的 xué Hànyǔ de　不 便宜 的 bù piányi de

▼1音節（1字）形容詞の場合は“的”を省略する。

大 医院 dà yīyuàn　好 朋友 hǎo péngyou

3 2つの目的語をとる動詞 ♪90

主語 + 動詞 + 目的語（ヒト） + 目的語（モノ）（人に…を～する）

1）请 教 我 这 首 歌儿 吧。
Qǐng jiāo wǒ zhèi shǒu gēr ba.

2）我 送 你 一 本 书。
Wǒ sòng nǐ yì běn shū.

※送（贈る）

▼この種の動詞には他に、“问”wèn（尋ねる）、“告诉”gàosu（知らせる）などがある。

トレーニング

1 次のピンイン文を簡体字に改め、さらに日本語に訳しましょう。

(1) Nǐ hēwán le ma? Kuài zǒu ba.

簡体字

日本語訳

(2) Zuótiān wǒ kàn de diànyǐng hěn yǒu yìsi.

簡体字

日本語訳

(3) Gāngcái tā chàng de gēr xiànzài zuì liúxíng.

簡体字

日本語訳

2 日本語文を参考に、語句を並べかえて文を作りましょう。

(1) 1番安いのは300円です。

[的　最　便宜　日元　三百]

(2) これは先生が私にくれた辞書です。

[的　是　送　我　这　词典　老师]

(3) 彼はまだ仕事が見つかっていません。

[到　还　没　他　找　工作]

3 中国語に訳しましょう。

(1) あなたは中国語を私に教えてくれませんか。

(2) 今アルバイトをする学生は多いです。

(3) 彼女は何を言っていますか？　あなたは聞いてわかりましたか？

索　引

各課の新出単語をアルファベット順に配列した。
数字はページを示す。太い数字は「新出単語」に挙げられていることを表す。

著　者

山口直人（大東文化大学教授）

竹島　毅（大東文化大学教授）

趙　葵欣（大東文化大学教授）

田村　新（大東文化大学講師）

イラスト：いとうゆうじ

表紙・扉デザイン：トミタ制作室

初級テキストキャンパスで始める中国語　音声ダウンロード

2023 年 3 月 30 日　初版発行
2024 年 4 月 1 日　第 2 刷発行

著　者　山口直人・竹島毅・趙葵欣・田村新
発行者　佐藤和幸
発行所　白 帝 社

〒 171-0014　東京都豊島区池袋 2-65-1
TEL 03-3986-3271　FAX 03-3986-3272
info@hakuteisha.co.jp
https://www.hakuteisha.co.jp

組版・印刷／倉敷印刷㈱　製本／ティーケー出版印刷㈱

Printed in Japan〈検印省略〉6914　ISBN978-4-86398-542-1

＊定価は表紙に表示してあります。

中　国　語

		1	2	3	4	5	6	7	8	9	10	11	12	13	14	15	16	17	18	1
	韻母 / 声母	a	o	e	ai	ei	ao	ou	an	en	ang	eng	ong	i			ia	ie	iao	io -i
														[ɿ]	[ʅ]	[i]				
イ	ゼロ	a	o	e	ai	ei	ao	ou	an	en	ang	eng				yi	ya	ye	yao	yo
ロ	b	ba	bo		bai	bei	bao		ban	ben	bang	beng				bi		bie	biao	
ハ	p	pa	po		pai	pei	pao	pou	pan	pen	pang	peng				pi		pie	piao	
ニ	m	ma	mo	me	mai	mei	mao	mou	man	men	mang	meng				mi		mie	miao	m
ホ	f	fa	fo			fei		fou	fan	fen	fang	feng								
ヘ	d	da		de	dai	dei	dao	dou	dan	den	dang	deng	dong			di		die	diao	di
ト	t	ta		te	tai		tao	tou	tan		tang	teng	tong			ti		tie	tiao	
チ	n	na		ne	nai	nei	nao	nou	nan	nen	nang	neng	nong			ni		nie	niao	ni
リ	l	la		le	lai	lei	lao	lou	lan		lang	leng	long			li	lia	lie	liao	li
ヌ	g	ga		ge	gai	gei	gao	gou	gan	gen	gang	geng	gong							
ル	k	ka		ke	kai	kei	kao	kou	kan	ken	kang	keng	kong							
ヲ	h	ha		he	hai	hei	hao	hou	han	hen	hang	heng	hong							
ワ	j															ji	jia	jie	jiao	ji
カ	q															qi	qia	qie	qiao	qi
ヨ	x															xi	xia	xie	xiao	xi
タ	zh	zha		zhe	zhai	zhei	zhao	zhou	zhan	zhen	zhang	zheng	zhong		zhi					
レ	ch	cha		che	chai		chao	chou	chan	chen	chang	cheng	chong		chi					
ソ	sh	sha		she	shai	shei	shao	shou	shan	shen	shang	sheng			shi					
ツ	r			re			rao	rou	ran	ren	rang	reng	rong		ri					
ネ	z	za		ze	zai	zei	zao	zou	zan	zen	zang	zeng	zong	zi						
ナ	c	ca		ce	cai		cao	cou	can	cen	cang	ceng	cong	ci						
ラ	s	sa		se	sai		sao	sou	san	sen	sang	seng	song	si						

音　節　表

20	21	22	23	24	25	26	27	28	29	30	31	32	33	34	35	36	37	38
ian	in	iang	ing	iong	u	ua	uo	uai	uei -ui	uan	uen -un	uang	ueng	ü	üe	üan	ün	er
yan	yin	yang	ying	yong	wu	wa	wo	wai	wei	wan	wen	wang	weng	yu	yue	yuan	yun	
bian	bin		bing		bu													
pian	pin		ping		pu													
mian	min		ming		mu													
					fu													
dian			ding		du		duo		dui	duan	dun							
tian			ting		tu		tuo		tui	tuan	tun							
nian	nin	niang	ning		nu		nuo			nuan				nü	nüe			
lian	lin	liang	ling		lu		luo			luan	lun			lü	lüe			
					gu	gua	guo	guai	gui	guan	gun	guang						
					ku	kua	kuo	kuai	kui	kuan	kun	kuang						
					hu	hua	huo	huai	hui	huan	hun	huang						
jian	jin	jiang	jing	jiong										ju	jue	juan	jun	
qian	qin	qiang	qing	qiong										qu	que	quan	qun	
xian	xin	xiang	xing	xiong										xu	xue	xuan	xun	
					zhu	zhua	zhuo	zhuai	zhui	zhuan	zhun	zhuang						
					chu	chua	chuo	chuai	chui	chuan	chun	chuang						
					shu	shua	shuo	shuai	shui	shuan	shun	shuang						
					ru	rua	ruo		rui	ruan	run							
					zu		zuo		zui	zuan	zun							
					cu		cuo		cui	cuan	cun							
					su		suo		sui	suan	sun							